Michaela Zach ✧ Saskia Baisch-Zimmer

Das Funkeln der Sterne

© Verlag Herder GmbH, Freiburg im Breisgau 2021
Alle Rechte vorbehalten
www.herder.de

Umschlagkonzeption: Verlag Herder
Covermotiv: © EvaHeaven2018/shutterstock.com
Innengestaltung und Satz: Gestaltungssaal, Sabine Hanel, Rohrdorf
Bildnachweis: © istock/GettyImages: Ekspansio (S. 35), K5hu (S. 43), Markus Thoenen (S. 31), Mumemories (S. 32); LH (S. 12); © shutterstock.com: Adel Newman (S. 11), Allan Wood Photography (S. 20), Creative Travel Projects (S. 40), HUGO SAINZ (S. 28), icemanphotos (S. 19), Kateryna Ovcharenko (S. 23), KRIACHKO OLEKSII (S. 15), KMNPhoto (S. 39), LeAndr (S. 8), Mekong on tour (S. 27), Nastyofly (S. 36), Netrun78 (S. 39), Rabbitti (S. 24), Rusya007 (S. 7), Silvanriel (S. 44), Subbotina Anna (S. 16), vvoe (S. 39), yanikap (S. 47)
Herstellung: Graspo, Zlín

Gedruckt auf umweltfreundlichem, chlorfrei gebleichtem Papier
Printed in the Czech Republic

ISBN 978-3-451-03332-2

Michaela Zach ✧ Saskia Baisch-Zimmer

Das Funkeln der Sterne

Trost finden in Zeiten der Trauer

FREIBURG · BASEL · WIEN

Michaela Zach

Heilpraktikerin für Psychotherapie, arbeitet seit 2004 in eigener Praxis bei Freiburg im Breisgau und seit 2020 online im deutschsprachigen Raum. Kernthemen ihrer Arbeit sind psychologische Beratung und Paartherapie. Daneben hat sie professionelle Erfahrung in der Trauerbegleitung.

Saskia Baisch-Zimmer

Diplom-Handelslehrerin, ist ausgebildet als Wellness- und MentalCoach. Mit ihren Veröffentlichungen unterstützt sie Kinder und Erwachsene dabei, die Kraft der Gedanken für das eigene Wohlbefinden zu nutzen. Darüber hinaus durchlief sie eine Hospiz-Ausbildung.

Geleitwort der Autorinnen

Liebe Leserin, lieber Leser,

im Wissen darum, dass es verschiedene Phasen der Trauer gibt, ist dieses Buch so gestaltet, dass jede Doppelseite für sich allein stehen kann. Dadurch ist es möglich, intuitiv eine Stelle aufzuschlagen und Text und Bild auf sich wirken zu lassen.

Das Buch möge Trauernden ein hilfreicher Begleiter sein auf dem Weg zurück ins Leben.

Wir wünschen uns, dass es auch in dieser schwierigen Zeit gelingt, aufbauende Worte, wohlmeinende Gesten und aufrichtige Anteilnahme anzunehmen. Mögen die Texte dazu beitragen, Trost zu finden und hoffnungsvoller in die Zukunft zu blicken.

Michaela Zach & Saskia Baisch-Zimmer

Trauer
spürbarer Verlust
eigenes Tempo finden
alle Zeit der Welt
Heilung

In der Natur können wir immer wieder beobachten: Neues Leben erwacht, wächst, blüht, vergeht und der Kreislauf beginnt von vorne. Leben bedeutet ständigen Wandel und fortwährende Veränderung. Die Natur vermag uns Kraft und Stärke auch in Zeiten der Trauer zu schenken. Vielleicht hast du bereits einen persönlichen Kraftort in der Natur für dich gefunden und kannst ihn aufsuchen, um durchzuatmen. Oder du legst oder setzt dich entspannt hin, schließt die Augen und stellst dir vor, dass du am Rande eines Waldes bist, an dem ein kleiner Bach fließt. Während du den Duft des Waldes einatmest, fällt dir ein besonders stattlicher Baum auf. Seine Blätter wiegen sich sanft im Wind. Du vernimmst ihr leises Rascheln und beobachtest, wie immer mal wieder ein Blatt abfällt. Eines dieser Blätter zieht deine Aufmerksamkeit besonders auf sich und du folgst ihm mit deinem Blick. Der Wind trägt das Blatt fort zu dem Bach, dessen Wasser es mitnimmt an einen anderen Ort. Er ist nicht zu sehen und doch existiert er. Und während du dich ganz auf die Natur einlässt, wächst in dir die Gewissheit: Es geht weiter.

„Das, was wir den Tod nennen,
ist in Wahrheit
der Anfang des Lebens."

Thomas Carlyle

„Niemand ist fort, den man liebt.
Liebe ist ewige Gegenwart."

Stefan Zweig

Abschied
dunkle Wolken
Aufbruch schweren Herzens
Erinnerung in sich bewahren
Liebe

Abschied nehmen fällt schwer. Oft können wir nicht glauben, was geschehen ist – weigern uns, wollen nicht wahrhaben, leisten Widerstand. Loslassen ist eine der schwierigsten Übungen im Leben und doch so heilsam, weil wir dadurch lernen zu akzeptieren, was unabänderlich ist. Wir haben die Möglichkeit, uns bewusst dafür zu entscheiden: Vertrauen wir uns dem Lauf des Lebens an und lassen wir uns von ihm tragen, die Erinnerungen sicher und geborgen in unserem Herzen.

Das Leben ist vergleichbar mit einem unbekannten Fluss. Wir wissen nicht, was hinter der nächsten Biegung kommt. Oft sind wir geneigt, gegen den Strom des Lebens zu schwimmen. Häufig wird uns das erst dann bewusst, wenn unsere Kräfte schwinden, wir erschöpft und müde sind. Gelingt es uns in diesem Moment innezuhalten, einverstanden zu sein und uns vom Fluss des Lebens tragen zu lassen – bildhaft auf einem Boot, einer Luftmatratze oder indem wir auf dem Rücken schwimmen –, spüren wir, wie es leichter wird. Wir können aufatmen und uns vertrauensvoll entspannen in der Gewissheit, dass der Fluss uns sicher trägt.

Gezeiten
das Zusammenspiel
Ebbe und Flut
ein Kommen und Gehen
Ewigkeit

Was bedeutet Zeit?

Wir wissen, Zeit ist relativ. In manchen Momenten scheint sie wie im Fluge zu vergehen und in anderen so langsam wie in Zeitlupe. Manchmal würden wir die Zeit am liebsten anhalten, festhalten und Liebgewonnenes bewahren. Doch Ereignisse nehmen ihren Lauf, sie sind weder veränderbar noch umkehrbar.

Das Beobachten des Meeres, der Wellen, der Gezeiten – ein ewiges, unaufhörliches Kommen und Gehen – kann uns im Strom der Zeit innere und äußere Ruhe schenken. Das Meer gleicht der Unendlichkeit. Was wäre, wenn wir erkennen würden, dass uns in Raum und Zeit nur ein Augenblick, zart wie ein Windhauch, von der anderen Seite trennt?

„Ich bin von euch gegangen,
    nur für einen Augenblick.
    Wenn ihr dahin kommt, wo ich bin,
werdet ihr euch fragen,
        warum ihr geweint habt."

Laotse

„Die Tränen sind
des Schmerzes heilig Recht."

Franz Grillparzer

Traurigkeit
gedrückte Stimmung
alles darf sein
ich öffne mich dafür
Lebendigkeit

Welch ein Segen, dass wir Menschen die Fähigkeit besitzen zu weinen. Tränen lösen die Anspannungen im Körper und sie reinigen die Seele. Es ist gut, seiner Trauer einen Weg zu bahnen, sie zeigen zu dürfen und zu seinen Gefühlen zu stehen. „Die Augen sind die Fenster der Seele", sagte einst Hildegard von Bingen.

Vielleicht hast du Tränen zurückgehalten, denen du es jetzt erlauben möchtest, sich zu zeigen. Oder du hast bereits so viele Tränen geweint, dass der See deiner Trauer keine Tränen mehr enthält. Beides darf sein.

Wisse, dass es eine Zeit geben wird, die wieder mehr Ruhe für dich bereithält, und dass jede Träne dich einer Zeit des inneren Friedens näherbringt.

Liebe
tiefe Zuneigung
auf immer verbunden
wie ein unsichtbares Band
Lebenskraft

Ein geliebter Mensch, der vor uns geht, hinterlässt wertvolle Spuren in unserem Leben. Oft können wir noch Jahre später seinen vertrauten Geruch wahrnehmen oder den ganz besonderen Klang seiner Stimme hören. Manchmal scheint es sogar so, als wäre der Vorangegangene mit uns im selben Raum. Solche Empfindungen können uns mitten im Alltag begegnen, sie sind ein wahrer Schatz: Ein bestimmter Duft, ein Regenbogen, ein schöner Stein, ein besonderer Vogel, ein Schmetterling oder ein einzigartiges Musikstück – sie alle können ein Zeichen sein, ein liebevoller Gruß von dem Ort, an den wir alle zurückkehren werden. Und dann weißt du: Du bist nicht allein.

„Wenn ein geliebter Mensch von uns gegangen ist,
so bleibt er doch
Bestandteil unsrer Welt –
nicht nur in der Erinnerung.
Wenn wir wollen, können wir ihn spüren,
jetzt und überall;
in jedem Sandkorn,
in jedem Windhauch,
in jedem Sonnenstrahl,
im Duft jeder Blume,
im Rausche des Regens,
im Funkeln der Sterne."

Holger Aurin

„Jeder Abschied ist ein kleiner Tod,
aber jeder Tod ein großer Abschied."

Alphonse Allais

Schmerz
tiefe Verzweiflung
Abschiednehmen fällt schwer
Hoffnung auf ein Wiedersehen
Lebewohl

Abschiednehmen begleitet uns ein Leben lang. Wir nehmen Abschied von unserer Kindheit, von der Jugend, Abschied von Träumen und Vorhaben, Abschied von besonderen Menschen, denen wir auf unserem Lebensweg begegnet sind. Und irgendwann werden wir auch Abschied von unserem eigenen Leben nehmen müssen.

Das ganze Leben bereitet uns auf den Abschied vor und doch trifft es uns bis ins Mark, wenn ein für uns wichtiger Mensch von uns geht. In dem Wissen, dass wir schon viele Male Abschied genommen haben und es trotzdem weiterging, können wir uns auch diesmal dem Leben anvertrauen. Dafür mag es vielleicht helfen, einen Gegenstand, den du mit diesem Menschen verbindest und den du in deine Hand nehmen kannst, ganz bewusst loszulassen. Beobachte achtsam diesen Prozess des Freigebens – das Öffnen der Hand, das Loslassen, die leere Handfläche. Und wisse, jeder Schritt des Loslassens – und mag er auch noch so klein sein – verhilft dir, in Frieden zu kommen mit allem, was ist.

Einsamkeit
du fehlst
Liebe will fließen
du bist gut aufgehoben
Trost

Wer kann schon sagen, wie es nach dem Tod weitergeht? Auch wenn wir möglicherweise meinen, dass es kein Leben nach dem Tod gibt, können wir uns dessen nicht absolut sicher sein. Und ebenso wenig können wir sagen, wo wir vor unserer Geburt waren und ob es dort vielleicht Wesen gab, die uns genauso gern bei sich behalten hätten, anstatt uns ziehen zu lassen. Vielleicht liegt unsere wahre Heimat gar nicht hier, wo wir uns zurzeit aufhalten, sondern weit entfernt von Zeit und Raum. Ginge man von dieser Annahme aus, dann hätte der für uns so wichtige Mensch, der vor uns gestorben ist, seine Reise mit dem Tod vollendet und wäre nun wieder zu Hause – sicher und geborgen in seiner Heimat. Diese Möglichkeit in Betracht zu ziehen, kann uns Erleichterung und innere Ruhe schenken. Und vielleicht verspüren wir eines Tages auch ein Gefühl der Dankbarkeit dafür, dass wir den anderen auf einem Teil seiner Reise begleiten durften.

„Das Leben ist eine Reise,
die heimwärts führt."

Herman Melville

„Steht dir ein Schmerz bevor
oder hat er dich bereits ergriffen,
so bedenke,
dass du ihn nicht vernichtest,
indem du dich von ihm abwendest!
Sieh' ihm fest ins Auge."

Ernst von Feuchtersleben

Wut
darf sein
möchte gefühlt werden
ich erlaube es mir
Beruhigung

Wenn uns unangenehme Gefühle erfassen, wissen wir oft nicht, wie wir mit ihnen umgehen sollen. In der Regel haben wir nicht gelernt, dass insbesondere Gefühle wie Trauer, Wut oder Angst einfach da sein dürfen. Vielmehr wurde uns häufig beigebracht, stark zu sein, uns nichts anmerken zu lassen. Die Wahrheit ist: Gefühle wollen gefühlt werden – wie es das Wort schon sagt. Jede Empfindung gehört zum menschlichen Dasein und möchte akzeptiert und anerkannt werden. Keinem Gefühl können wir unterliegen, denn wir sind Gefühlswesen – Gefühle machen uns aus! Indem wir uns einem Gefühl vollkommen hingeben, es zulassen, kann es sich wie eine große Welle ausbreiten, jede unserer Zellen ausfüllen, um dann – indem wir es akzeptieren und fühlen – wieder abzuebben und neuen Empfindungen Raum zu geben. Trau dich, deine Trauer zuzulassen, sie ist wichtig in dieser Zeit des Wandels. Vielleicht magst du dir einen sicheren Ort suchen oder einen vertrauten Menschen, bei dem du alles zulassen kannst, was sich im Moment zeigen möchte. Nimm dir dafür alle Zeit, die du brauchst.

Zeit
Abschied nehmen
in meinem Tempo
Trauer braucht ihre Zeit
Wandel

Trauer braucht Zeit. Sie kann uns Wochen, Monate oder auch Jahre begleiten und immer wieder aufflammen. Trauer hat verschiedene Gesichter, die sich im Laufe der Zeit wandeln oder auch wiederholen können. Seien es Fassungslosigkeit und ein Nicht-wahrhaben-Wollen, das Aufbrechen der Gefühle wie Verzweiflung und Wut oder starke Stimmungsschwankungen. Unsere Welt ist aus den Fugen geraten und wir befinden uns mittendrin. Wie in einer „Zwischenzeit" fühlt es sich an – beängstigend und fremd. Doch es kommt auch wieder eine Phase, in der wir zu einem neuen Gleichgewicht finden – in unserem eigenen Tempo. Vielleicht denken wir noch mit Wehmut an Vergangenes, doch wir spüren auch, wie unsere Zuversicht wächst, zart wie eine junge Pflanze. Dann scheint die Zeit gekommen, in der der Abschiedsschmerz überwunden und diese Lebenserfahrung Teil unserer Geschichte geworden ist.

„Irgendwo blüht
die Blume des Abschieds
und streut immerfort Blütenstaub,
den wir atmen, herüber;
und auch noch im kommendsten
Wind atmen wir Abschied."

Rainer Maria Rilke

„Der Tod ist kein Abschnitt
des Daseins, sondern nur
ein Zwischenereignis,
ein Übergang aus einer Form
des endlichen Lebens
in eine andere."

Wilhelm von Humboldt

Veränderung
Wandel erfahren
im Fluss sein
die Unendlichkeit des Lebens
Erneuerung

Das Leben unterliegt der fortwährenden Veränderung, es ist Entwicklung und Wandel zugleich. Selbst für die Unendlichkeit gebaute Monumente verlieren über die Jahrhunderte an Substanz und irgendwann sind auch sie verschwunden. Auch wir selbst sind als Teil des Lebens ein Teil der Evolution. Und so individuell wie jeder Mensch ist, so einmalig sind auch die einzelnen Lebensgeschichten hinsichtlich der Anzahl der Jahre, der Intensität der Erlebnisse, der Umstände des Todes. Jeder geht seinen ganz eigenen Weg, auch wenn wir ihn nicht immer verstehen oder nachvollziehen können. Doch möglicherweise können wir uns dem Gedanken öffnen, dass der Tod als Teil des Lebens zu unserer Entwicklung dazugehört – und dass er unser Dasein nicht beendet, sondern auf eine neue Stufe hebt.

Verbindung
unsichtbare Bande
ich bin aufgehoben
ein Netz, das trägt
Liebe

Im Laufe unseres Lebens begegnen wir vielen Menschen. Manche hinterlassen einen tiefen Eindruck bei uns, andere lernen wir nur flüchtig kennen. Und mit manchen Menschen verbindet uns etwas ganz Besonderes – durch die Magie der Liebe in all ihren Facetten. Die Liebe kann ein Band zwischen Menschen knüpfen, das unendlich ist. Es trägt uns – gleich einem unsichtbaren Netz – und gibt uns Halt. Wir sind auf ewig miteinander verwoben durch die Liebe. Durch sie bleiben wir jenseits von Zeit und Raum miteinander verbunden.

„Wenn wir alles loslassen,
       bleibt nur die Liebe."

Theresia von Lisieux

„Ihr, die ihr mich so geliebt habt,
seht nicht auf das Leben,
das ich beendet habe,
sondern auf das,
welches ich beginne."

Aurelius Augustinus

Licht
aufgehende Sonne
von Liebe umgeben
geborgen im endlosen Sein
Ewigkeit

Tage, Wochen, Jahre und ein ganzes Leben – alles geht zu Ende. Dies kann für uns erschreckend und zugleich tröstlich sein. Denn auch dieser Tag geht – wie ein jeder – seinem Ende entgegen. Wie schwer der heutige Tag für uns auch sein mag, morgen ist er vorüber. Und auch die unglücklichste Zeit wird vergehen.

Wir dürfen uns auf den Glauben stützen, dass der von uns Gegangene uns ein erfülltes, gelebtes Leben wünscht. Er selbst ist geborgen und sicher in der allumfassenden Liebe. Er ist wieder daheim und es geht ihm gut, darauf dürfen wir vertrauen. Und in dieser Überzeugung können wir unseren Frieden finden. Vielleicht möchtest du heute in stillem Gedenken für ihn eine Kerze anzünden, ihm einen Brief schreiben, den du dann von einem Fluss davontragen lässt. Oder du suchst einen eurer gemeinsamen Lieblingsplätze auf und setzt dort ein liebevolles Zeichen oder sendest in Gedanken gute Wünsche – in der Gewissheit, dass deine Energie den Vorausgegangenen erreichen wird.

Erschütterung
keine Wahl
Chaos im Innern
plötzlich ist alles anders
Umbruch

Wenn wir mit schmerzhaften, vielleicht unerwarteten Ereignissen konfrontiert werden, steht unsere Welt Kopf, wir sind fassungslos und fühlen uns ohnmächtig. Das Leben ändert sich von einer Sekunde auf die andere und erst nach einiger Zeit, wenn der betäubende Schmerz nachlässt, können wir wirklich begreifen, was geschehen ist. Langfristig stehen wir vor der bewussten Entscheidung, das Unvermeidliche anzunehmen und unser Leben in seiner bisherigen Form zu verabschieden. Ein neuer Weg liegt noch im Verborgenen und scheint uns kaum vorstellbar. Rituale können gerade in dieser Zeit Trost zusprechen und das Abschiednehmen erleichtern. Wir können eine Schachtel gestalten und mit persönlichen Erinnerungsstücken und Fotos füllen oder ein paar Zeilen an den von uns Gegangenen schreiben. Auch kann es tröstlich sein, ein kleines Holzboot mit guten Wünschen zu beladen und in einem Bach davontreiben zu lassen. Wir können auch ein Schmuckstück als Symbol für den Verstorbenen bei uns tragen. Diese oder ähnliche Rituale können uns helfen, unseren Schmerz über den Verlust zu lindern und uns langsam wieder aufzurichten.

„Wenn man zum Leben Ja sagt
und das Leben selber
sagt zu einem Nein,
muss man auch zu diesem Nein
Ja sagen."

Christian Morgenstern

„Der Tod kann uns
von dem Menschen trennen,
der zu uns gehörte, aber
er kann uns nicht das nehmen,
was uns mit ihm verbindet."

(Verfasser unbekannt)

einzigartig
gemeinsame Spuren
Teil der Geschichte
Erinnerungen, die uns verbinden
unvergesslich

Jeder Mensch geht seinen ganz persönlichen Lebensweg, der mit nichts vergleichbar ist. Diese Einzigartigkeit macht unser Sein auf besondere Weise wertvoll. Jeder Einzelne hinterlässt am Ende seines Lebens eine Geschichte, die ein ganzes Buch füllen könnte. Alle Begegnungen, Beziehungen und Weggefährten, die in diesem Lebenswerk Erwähnung finden, werden Teil der Geschichte sein, unabhängig davon, wie viele Jahre uns miteinander verbunden haben mögen. Die wertvollsten Erinnerungen können wir in unserem Herzen bewahren – gleich einem unvergesslichen, kostbaren Schatz.

Lebensphasen
im Wandel
das Leben erfahren
im Zauber der Zeit
Dankbarkeit

Im natürlichen Rhythmus der Jahreszeiten erkennen wir, dass alles seine Zeit hat. Es gibt Phasen des Wachstums und Phasen des Sterbens. Und im Wandel der Zeit ist dennoch eines gewiss: dass es stetig weitergeht. Das Leben selbst umfasst verschiedene Seiten: Licht und Schatten, Freude und Traurigkeit, Geburt und Tod. Während unseres Lebens wird uns vieles begegnen. Es ist hilfreich, wenn wir uns einer jeden Phase öffnen und ihr Raum geben. Dann – zu seiner Zeit – können wir unser Bewusstsein wieder auf das richten, was uns stärkt und mit Wohlbefinden erfüllt.

Das Leben ist voller Schönheit. Indem wir uns dem Dasein wieder zuwenden, uns mit Lebendigkeit umgeben, die Natur beim Erblühen beobachten und die Schönheit auch in der dunklen Jahreszeit erkennen, lenken wir unsere Aufmerksamkeit wieder auf das Sein. Wir sind hier, unser eigenes Leben zu leben. Dann werden wir am Ende wie einst Goethe sagen können: „Ich habe mein Leben gelebt."

„Ich höre auf zu leben,
      aber ich habe gelebt."

Johann Wolfgang von Goethe

„Wenn ich traurig bin
und spazieren gehe,
so finde ich Trost
in der Macht und Wahrheit der Natur."

Jacob Grimm

Stärkung
Mutter Erde
Quelle der Kraft
Balsam für die Seele
Natur

Zeiten der Trauer, die immer wieder aufkommen können und sich oft unverhofft zeigen, sind manchmal schwer zu überwinden. Umso wichtiger ist es, dass wir uns selbst dabei zur Seite stehen, indem wir liebevoll mit uns umgehen. Wir können überlegen, was wir brauchen, was uns Trost schenkt und Gutes bringt. Selbst vermeintliche Kleinigkeiten wie eine heiße Tasse Tee, eine Wärmflasche oder ein Spaziergang in der Natur zeigen häufig eine ungeahnt positive Wirkung. Zu einer guten Selbstfürsorge gehört auch, dass wir Selbstvorwürfe und quälende Gedanken vermeiden. Stattdessen können wir uns fragen: Was gibt mir Kraft, Ruhe, Hoffnung? Welche Musik, welcher Duft stärkt mich? Welche Lebensmittel nähren mich? Welche Umgebung schenkt mir Sicherheit? Gehen wir achtsam mit uns um und beschenken wir uns mit allem, was uns in dieser schweren Zeit unterstützt und wieder zuversichtlich sein lässt.

Verlust
unendlich einsam
ich finde dich
ewig in meinem Herzen
daheim

In Zeiten großer Trauer fragen wir uns, wie wir weiterleben können bei all dem Schmerz, den wir gerade erfahren und der unendlichen Einsamkeit, die wir empfinden. Doch zugleich können wir tief in uns die Gewissheit hegen - trotz der vielen verwirrenden Gedanken –, dass wir den geliebten Menschen, der von uns gegangen ist, Zeit unseres Lebens in unserem Herzen bewahren werden. Er kann uns nicht verloren gehen. Und wenn wir an ihn denken, dürfen wir davon ausgehen, dass unsere Gedanken ihn erreichen. Symbolisch für den Platz in unserem Herzen können wir einen Ort des Gedenkens gestalten, zum Beispiel mit Blumen, lieb gewonnenen Erinnerungsstücken, einem Rosenquarz als Kraftstein, heilsamen Worten wie einem Segenswunsch oder auch mit einer Kerze. Das Kerzenlicht steht für Hoffnung, Mut und Neuanfang. Dies kann ein Trost für unsere Seele sein und uns Frieden spenden.

„Wo Worte fehlen, das Unbeschreibliche zu beschreiben,
wo die Augen versagen, das Unabwendbare zu sehen,
wo die Hände das Unbegreifliche nicht fassen können,
bleibt einzig die Gewissheit, dass du immer
in unserem Herzen weiterleben wirst."

(Verfasser unbekannt)

„Du kamst, du gingst mit leiser Spur,
ein flüchtiger Gast im Erdenland.
Woher? Wohin? Wir wissen nur:
Aus Gottes Hand in Gottes Hand."

Ludwig Uhland

Wunder
Gottes Segen
als Geschenk erfahren
das Leben auf Erden
danke

Das Universum mit seinen unzähligen, geheimnisvollen Planeten und Sternen ist unendlich. Wir können es mit unserem menschlichen Verstand kaum fassen. Dass wir eine Zeit lang auf der wunderschönen Erde leben dürfen, ist wahrlich ein Wunder. Und dass wir zudem ganz besonderen Menschen begegnen, die uns tief in unserer Seele berühren, empfinden wir häufig als Fügung. Vielleicht können wir dies als göttliches Geschenk begreifen. Auch wenn der Abschied sehr schmerzt, dürfen wir in unserem Herzen diesen Schatz bewahren, in der Gewissheit, dass wieder Neues entstehen wird.

Vielleicht möchtest du für einen Moment auf deinen Atem achten und dich tief in deinen Körper hineinsinken lassen, um an einen Ort der Ruhe in dir zu gelangen, der dich besänftigt und verbindet mit allem, was ist – dem Wunder des Lebens.

Regenbogen
spürbare Hoffnung
ich bin da
fühle es im Herzen
Grenzenlosigkeit

Grundsätzlich können wir wohl sagen: Wir wollen uns nicht trennen, wollen nicht Abschied nehmen. Es schmerzt uns, zurückzubleiben. Vielleicht haben wir das Gefühl, den Boden unter den Füßen zu verlieren, und eine Zukunft scheint uns unvorstellbar. Dennoch bleibt uns letztlich nichts anderes übrig, als das Gegebene hinzunehmen. Helfen kann uns dabei eine bildhafte Vorstellung, zum Beispiel, dass der uns Vorausgegangene am Ende eines Regenbogens im Licht steht. Durch versöhnliche, heilsame innere Bilder sind wir auf wundervolle, Trost spendende Weise weiterhin mit ihm verbunden. Sie nähren die Hoffnung, dass es dem anderen gut geht und er sich für uns und unser Leben das Beste wünscht. Wir können innerlich aufatmen und vielleicht – irgendwann – wieder eine Weite in unserem Herzen spüren.

„Die Hoffnung ist der Regenbogen
über den herabstürzenden Bach
des Lebens.“

Friedrich Wilhelm Nietzsche

„Das Sichtbare ist vergänglich,
das Unsichtbare ist ewig."

Die Bibel, 2. Korinther 4,18

Vertrauen
ich bin
begleitet von Liebe
geborgen durch den Glauben
Hoffnung

Die Überzeugung, dass es nach dem Leben weitergehen wird, schenkt vielen Menschen Kraft und Zuversicht. Doch dieser Glaube fällt dem einen oder anderen vielleicht schwer. Sollte es dir ähnlich gehen, findest du möglicherweise Trost im gemeinschaftlichen oder persönlichen Gebet. Hier können wir für den Vorangegangenen gute Wünsche formulieren. Auch können wir uns selbst durch das Gebet innerlich stärken. Möglicherweise sind wir gerade an einem Punkt in unserem Leben angekommen, an dem wir den Wunsch verspüren, in Dialog und Verbindung zu einer höheren Schöpferkraft zu treten. Dazu braucht es keiner Religionszugehörigkeit, sondern lediglich der zwanglosen Zuwendung. Die Physik lehrt uns, dass Energie niemals verloren geht, sondern nur ihre Erscheinungsform ändert. Es ist nicht notwendig, an etwas zu glauben, um beten zu können. Es braucht allein den Mut, sich auf das Gebet einzulassen.

Dunkelheit
fehlende Zuversicht
Schmerz und Verzweiflung
den Weg wieder finden
Lebensenergie

Vielleicht ist es eine der schwierigsten Prüfungen im Leben, die Hoffnung nicht zu verlieren – gerade dann, wenn uns tiefe Trauer erfasst, wir großes Leid empfinden und nicht wissen, wie es weitergehen soll; wenn unser Herz gebrochen und unser Körper uns wie eine einzige, große Wunde vorkommt. Möge es uns dann gelingen, uns für die tröstenden Worte zu öffnen, die einst der französische Schriftsteller Charles Péguy formulierte: „Betet, lacht, denkt an mich, betet für mich, damit mein Name ausgesprochen wird, so wie es immer war, ohne irgendeine besondere Betonung, ohne die Spur eines Schattens: Das Leben bedeutet das, was es immer war. Der Faden ist nicht durchschnitten. Warum soll ich nicht mehr in euren Gedanken sein, nur weil ich nicht mehr in eurem Blickfeld bin? Ich bin nicht weit weg, nur auf der anderen Seite des Weges."
Diese sanften und zugleich stärkenden Sätze können uns Kraft und Hoffnung schenken, gerade dann, wenn uns das Leben am dunkelsten erscheint.

„Die Hoffnung
gibt die Kraft zum Weiterleben.
Die Liebe gibt die Stärke
zum Überwinden der Trauer.
Der Glaube ist das tröstende,
durch Wolken strahlende Licht."

(Verfasser unbekannt)